Pour Toi

Numéro du livre dans la collection :

© Bernard Brunstein pour les illustrations - http://peinturedebernard.over-blog.com/

ISBN 9782322152247

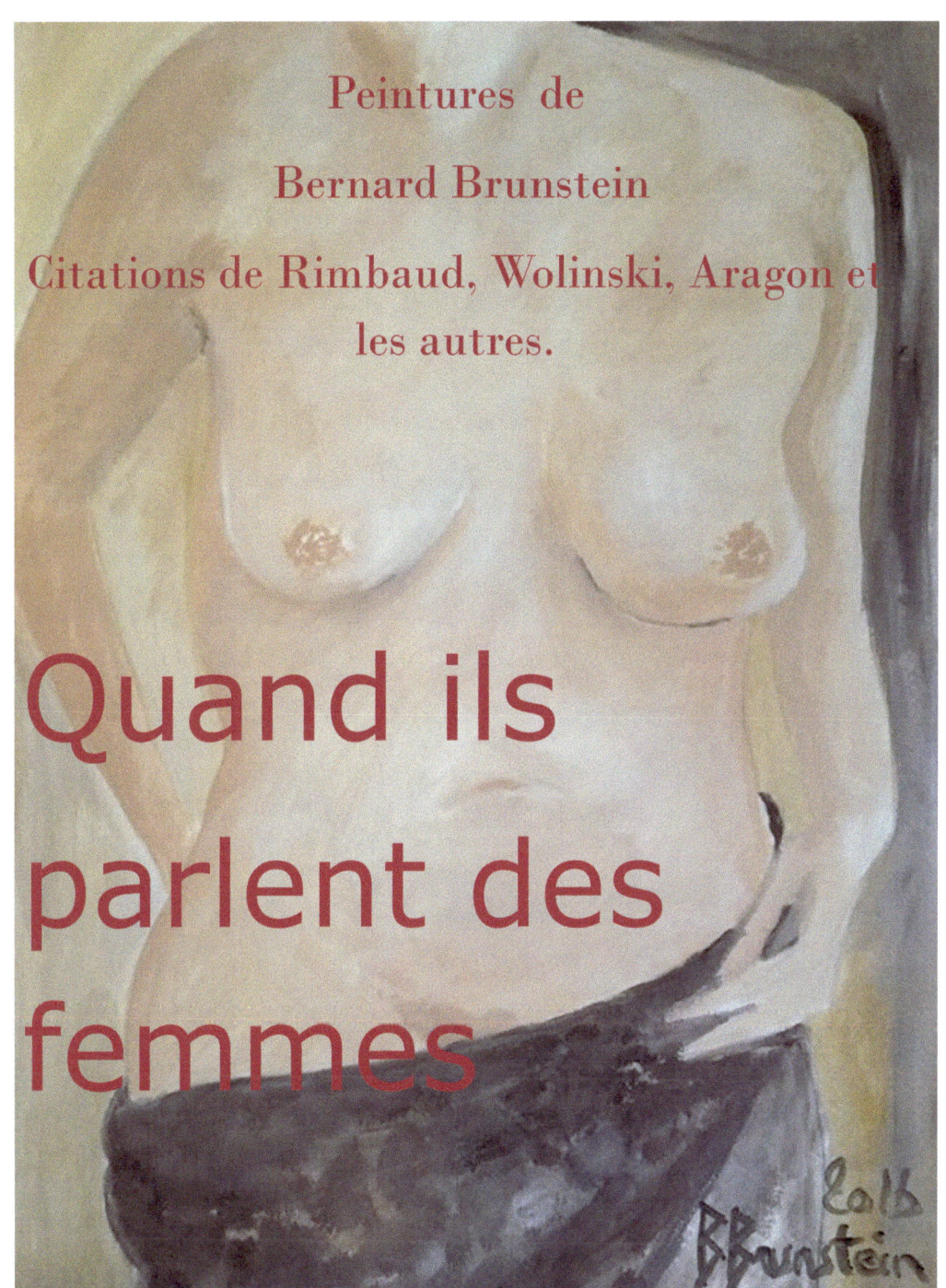

Peintures de

Bernard Brunstein

Citations de Rimbaud, Wolinski, Aragon et les autres.

Quand ils parlent des femmes

Je ne peux regarder une femme

Je ne peux regarder une femme,
Sans penser à l'amour.
Comme une drogue, elle me damne
Enfer sans détour.
Sur les courbes de leurs charmes,
Je fais la guerre, sans armes.
Sur le front de mon conflit,
Blessé, je reste meurtri.
Je ne peux regarder une femme,
Incendie, au mille flammes
Mélange de parfum et d'odeur
Vibration de mon cœur.
J'ai envie de les toucher,
Peinture à peine séchée
J'ai envie, me servant comme support
D'écrire sur les pages de leur corps
Lorsque leur regard me croise
Me déshabille, me toise
Je fantasme, je délire

Libre cours à mes désirs
Illusion, ou réalité
De ma manière d'exister
Je ne peux regarder une femme
Sans penser à l'amour
Comme une drogue elle me damne
Enfer sans détour.

                                Bernard Brunstein

« Quand sera brisé l'infini servage de la femme, quand elle vivra pour elle et par elle, elle sera poète elle aussi. »
Arthur Rimbaud

Qu'est-ce donc qu'une femme ? Un ange avec un sexe.

Grégoire Lacroix

L'avenir de l'homme est la femme. Elle est la couleur de son âme. Elle est sa rumeur et son bruit. Et sans elle, il n'est qu'un blasphème.

Louis Aragon

La démarche d'une femme, dans la rue, devrait évoquer le clapotis des vagues sur un banc de sable.

                Arthur Golden

La femme, dans ce paradis terrestre, a mordu le fruit de l'arbre de la connaissance dix minutes avant l'homme ... Depuis elle a toujours gardé ces dix minutes d'avance.

Alphonse Karr

Quand une femme est seule, elle se voit seule au monde !

Sacha Guitry

Le corps d'une femme s'épanouit sous les caresses. Celles qui ne sont pas câlinées se fanent, se fripent, se dessèchent.

Maurice Denuzière

En tant que femme je n'ai pas de pays. En tant que femme je ne désire aucun pays. Mon pays a moi, femme, c'est le monde entier.

Wirginia Woolf

Sans la femme, l'homme serait rude, grossier, solitaire, et il ignorerait la grâce qui n'est que le sourire de l'amour. La femme suspend autour de lui les fleurs de la vie, comme ces lianes des forêts qui décorent le tronc des chênes de leurs guirlandes parfumées.

François-René de Chateaubriand

Femme rebelle, c'est-à-dire deux fois belle : dans ce qu'elle permet et dans ce qu'elle refuse.

Albert Brie

La femme est un délicieux instrument de plaisir, mais il faut en connaître les frémissantes cordes, en étudier la prose, le clavier timide, le doigté changeant et capricieux.

Honoré de Balzac

Ce n'est pas parce qu'une femme est belle qu'on l'aime, mais, c'est parce qu'elle se sent aimée qu'elle devient belle !

Jules Renard

Le coeur d'une femme est un océan de secret.

James Cameron

La femme infidèle a des remords; la femme fidèle a des regrets.

proverbe japonais

La femme... Cette fleur n'a pas besoin de couleur. Le charme de sa nudité en donne toute sa splendeur, pour en illuminer plus d'un cœur...

DESCREA

La femme est l'être qui projette la plus grande ombre ou la plus grande lumière dans nos rêves. La femme est fatalement suggestive; elle vit d'une autre vie que la sienne propre; elle vit spirituellement dans les imaginations qu'elle hante et qu'elle féconde.

Charles Baudelaire ,
Les Paradis artificiels

Le physique d'une femme, vous le savez, est le miel qui attire l'homme à la ruche où il se fait piquer.

<u>Stephen King</u> ,

Une femme, c'est une présence, une odeur, un geste, un poudrier qui claque, le bruit de ses talons - plats, forcément - ou de son sac à main quand elle fouille dedans.

Richard Bohringer

Ô femme, ne te laisse pas prendre au piège, ne laisse pas un monde te dicter la marche à suivre et s'emparer de toi à travers ton instinct naturel de beauté, de féerie et d'idéalisme. Cultive cela dans la maîtrise de ta destinée et de ton propre mystère d'être. Sens-toi une avec la Nature, laisse le vent, le soleil te parler, la terre te conduire et te fortifier à chaque pas.

Alain Contaret

Quand une femme ne te fait plus chier, c'est qu'elle ne t'aime plus !

Georges Wolinski

La femme, même dévêtue, reste vêtue d'elle-même et des signes de sa vie. Elle s'offre à la lecture; il faut apprendre du bout des doigts à lire et à déchiffrer ce solfège. On peut la dévêtir d'innombrable fois en étant assuré de la découvrir toujours.

  Jean-Pierre Otte ,

Même nue, la femme est encore vêtue de sa pudeur.

Emmanuel Levinas

Quand une femme montre ses seins, elle croit qu'elle offre son cœur.

Tristan Bernard

Parfois la beauté d'une femme se révèle mieux dans l'obscurité.

Ron Rash

On ne doit jamais battre une femme
- même avec une fleur !

Jean Anouilh

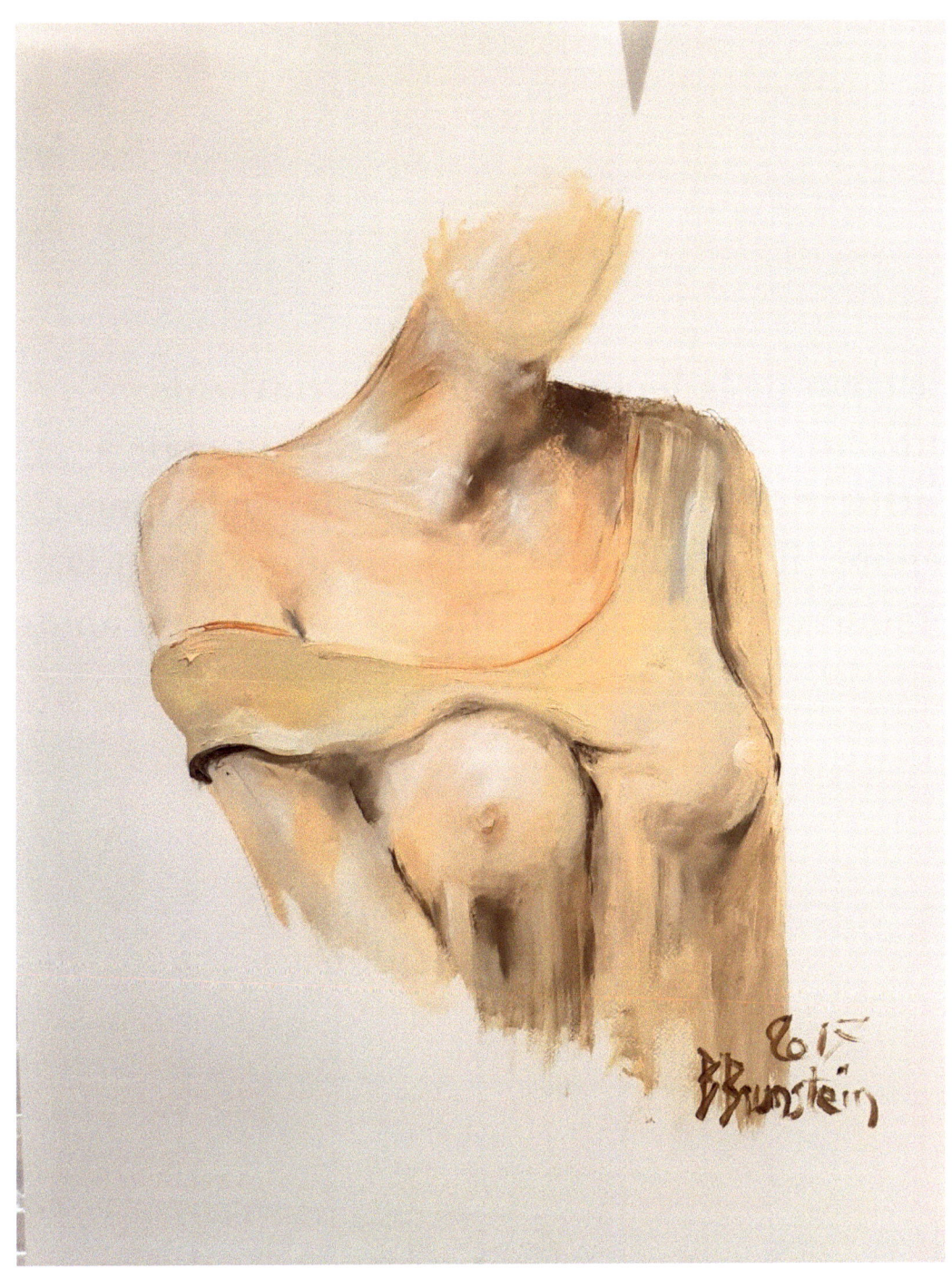

Le cœur de la femme est un labyrinthe de subtilités qui défit l'esprit grossier du mâle à l'affût. Si vous voulez vraiment posséder une femme, il faut d'abord penser comme elle et la première chose à faire est de conquérir son âme.

Carlos Ruiz Zafón

La femme parle toujours de son âge et ne le dit jamais.

Jules Renard

La femme a quatre âges: celui que porte son acte de naissance, celui qu'elle se donne, celui que lui infligent ses rivales et celui qu'elle paraît avoir.

Claudia Bachi

Ne dites pas à une femme qu'elle est jolie. Dites-lui seulement qu'elle ne ressemble pas aux autres, et toutes ses carrières vous seront ouvertes.

Jules Renard

Avec une femme, l'amitié ne peut être que le clair de lune de l'amour.

Jules Renard

Une femme qui aime n'admet pas qu'un homme puisse avoir une pensée, un geste, un soupir, qui ne lui soit pas destiné. Elle ne tolère pas qu'il travaille, qu'il respire.

René Barjavel

Le plus beau vêtement d'une femme,
c'est sa nudité.

   Yves Saint-Laurent

La femme n'est faite que de dunes, où voyagent des rêves merveilleux.

Martine Maon Costa

Elle était belle sur son lit,
Nue, elle m'offrait un "selfi"
De son corps sans pudeur
Un instant de bonheur.

Allongée sur la table
Elle était vulnérable
J'ai fait courir mes pinceaux
Sur son corps, j'ai fait un tableau.

Doucement j'ai dessiné,
Aux crayons en un trait,
Les courbes de ses seins
Que je caressais entre mes mains.

Mon imaginaire s'en est allé,
En bleu en rouge en violet,
Sur elle un coquelicot,
Fleur d'amour que c'était beau.

J'aurais voulu poursuivre l'aventure
Et en guise de signature
Juste un mot,
Je t'aime tu vois c'est idiot.

Bernard Brunstein

Editeur : BoD-Books on Demand, 12/14 rond point des Champs Élysées, 75008 Paris, France
Impression : BoD-Books on Demand, Norderstedt, Allemagne
ISBN : 9782322152247
Dépôt légal : février 2019